Francisco Ansón

O mistério de Guadalupe

4ª edição

Tradução
Francisco da Cunha Rebelo

QUADRANTE
São Paulo
2025

Título original
El misterio de Guadalupe

Capa
Karine Santos

Dados Internacionais de Catalogação na Publicação (CIP)

Ansón, Francisco
O mistério de Guadalupe / Francisco Ansón; tradução de Francisco da Cunha Rebelo — 4ª ed. — São Paulo: Quadrante, 2025.

ISBN: 978-85-7465-791-2

1. Cristianismo (História) 2. Maria, a mãe de Jesus 3. História do Cristianismo na América do Norte 4. Aparições marianas I. Título

CDD-277

Índice para catálogo sistemático:
1. Cristianismo (História) : Aparições marianas 277

QUADRANTE EDITORA
Rua Bernardo da Veiga, 47 - Tel.: 3873-2270
CEP 01252-020 - São Paulo - SP
www.quadrante.com.br

SUMÁRIO

PREFÁCIO

A 25 de maio de 1754, o Papa Bento XIV (1740-1758) proclamou Nossa Senhora de Guadalupe padroeira do México, citando na bula a expressão do salmo: Non fecit taliter omni nationi, *«Deus não fez nada de semelhante por nenhuma outra nação» (Sl 147, 9). E a 12 de outubro de 1945, Pio XII proclamou Maria, Virgem de Guadalupe, Imperatriz e Mãe de todas as Américas.*

É que esta imagem é comumente considerada um autorretrato de Nossa Senhora e goza por isso de uma celebridade especial. E a Igreja, ainda que não declare formalmente que Nossa Senhora aí se manifestou com uma intervenção sobrenatural — isto é, que a aparição deva ser crida como uma verdade dogmática —, abençoa no entanto e autoriza o seu culto, como um penhor de devoção e expressão de fé na Maternidade divina de Maria Santíssima.

Embora as aparições de Nossa Senhora em Guadalupe, ou em Fátima, ou em Lourdes, etc., não acrescentem novas verdades à fé cristã, vêm no entanto reafirmá-la, insistindo em pontos fundamentais e especialmente urgentes da vida cristã — a confiança filial em Maria, a necessidade de fazer penitência, de intensificar a vida de oração —, ou reforçando algum ponto de doutrina, como o dogma da Imaculada Conceição de Nossa Senhora. Talvez importe ver nelas sobretudo expressão da vontade de Deus — transmitida através das mensagens da Virgem — e do carinho materno de Nossa Senhora, Mãe de Deus e Mãe nossa, que se empenha continuamente na educação dos seus filhos, insistindo sempre no conselho que dera em Caná: Fazei o que Ele vos disser.

«Quando te perguntaram que imagem da Senhora te dava mais devoção, e respondeste — como quem já fez bem

a experiência — que todas, compreendi que eras um bom filho. Por isso te parecem bem (enamoram-me, disseste) todos os retratos da tua Mãe», afirma Mons. Escrivá em Caminho *(n. 502). Não se trata, pois, de fomentar particularismos locais ou regionais, mas de aprender filialmente, com plena submissão ao juízo da Igreja, o que quer que a nossa Mãe tenha a dizer-nos. Lida com este espírito, a encantadora história de Nossa Senhora de Guadalupe e do índio Juan Diego bem pode ajudar-nos a crescer no amor do seu Filho.*

O RELATO DAS APARIÇÕES

Asseguram-nos os mexicanos, com uma emoção contida, que a imagem de Nossa Senhora que veneram na Basílica de Guadalupe não foi pintada por mãos humanas, mas pelas mãos da própria Virgem.

Esta surpreendente afirmação baseia-se sobretudo num antigo e piedoso relato, narrado num livro que vem merecendo cada vez maior consideração por parte dos historiadores: o *Nican mopohua*. Vale a pena fazermos aqui uma brevíssima digressão literária que nos permita aperceber-nos de todo o seu valor.

O texto

Seu autor, Antonio Valeriano, era um indígena de pura raça tepaneca, nascido em 1520 em Azcapotzalco e pertencente à nobreza; era da casa real de Tacuba. Foi aluno fundador — aliás brilhante — do Colégio da Santa Cruz, anexo ao convento franciscano de São Tiago de Tlatelolco e situado pouco mais de um quilômetro ao norte do centro da cidade do México. Colaborador de Frei Bernardino de Sahagún, que o considerava um sábio, destacou-se especialmente pela sua sensibilidade artística e pela sua cultura; o náuatle — o idioma dos astecas — era a sua língua nativa, mas dominava perfeitamente o latim e o castelhano. Durante mais de 35 anos foi «Governador de índios». Faleceu em 1605, deixando um renome de artista e de homem de uma sabedoria e de uma cultura enciclopédicas.

O *Nican mopohua** foi escrito em Tlatelolco. Surgiu, segundo alguns, em 1545,

(*) *Nican mopohua* são as palavras com que começa o livro. *Nican*, em língua náuatle, significa «aqui», e *mopohua* corresponde a «conta-se, narra-se, refere-se com ordem e concerto». A língua náuatle não tinha

um ano depois da morte de Juan Bernardino, um dos três principais protagonistas do relato. Outros afirmam que foi escrito em 1548, ano em que morreram os outros dois: o índio asteca Juan Diego e o primeiro bispo do México, Frei Juan de Zumárraga. Seja como for, o que parece certo é que o *Nican mopohua* foi redigido na primeira metade do século XVI, e que Antonio Valeriano, que tinha onze anos na ocasião em que ocorreram as aparições da Virgem de Guadalupe, chegou a manter contactos, talvez até habituais, com as personagens que figuram no relato.

Trata-se, pois, do primeiro texto literário asteca que se conhece. Torquato Luca

---

um alfabeto próprio, e por isso o povo mexica — os astecas —, quando queriam deixar por escrito algum fato, tinham de lançar mão de um sistema hieroglífico. Assim se compreende melhor o valor e significado do trabalho de Antonio Valeriano, que transcreveu em caracteres latinos a narrativa das aparições, feita em náuatle por Juan Diego e Juan Bernardino, e conseguiu nesse texto preservar literalmente e de modo quase perfeito a mentalidade e a forma de falar e de sentir do povo asteca.

de Tena, da Real Academia Espanhola, escreve a seu respeito: «...é uma joia literária de um valor inestimável para o estudo das influências que a primitiva língua mexicana exerceu sobre o modo como hoje em dia se fala o espanhol no México; aparecem já aí o gosto pelo diminutivo, a utilização do humilde e do pequeno para fazer os elogios, as múltiplas fórmulas de cortesia de que estão salpicados os diálogos, etc. [...] Os diálogos entre Juan Diego e a Virgem são de muitos quilates. Por sua ingenuidade, frescor, colorido e ternura, eu situaria este gênero literário num elevado nível artístico».

Antes de transcrevermos, pois, o *Nican mopohua*, convém insistir em que Antonio Valeriano «deixou à Humanidade, em sincera linguagem do mais refinado estilo náuatle, não somente a crônica, mas também a vivência do mundo indígena». Para os índios, o canto e as flores, as cores e as figuras não eram só adornos poéticos, mas constituíam também o melhor modo de se comunicarem com Deus.

É por isso que, no dizer de José Luís Guerrero, «o *Nican mopohua* é uma belíssima joia da literatura náuatle, de um frescor singular e de uma ternura quase incompreensível para a mentalidade europeia atual».

As personagens

São três os protagonistas que aparecem no *Nican mopohua*, além de Nossa Senhora. Dentre eles, cobra singular relevo o índio Juan Diego. Foi numa das peças do seu vestuário — o poncho ou *ayate*, um abrigo de pano leve com cerca de um metro e meio de comprimento por um de largura, que se ata ao ombro ou se passa pelo pescoço — que ficou gravada a imagem da Virgem de Guadalupe.

Juan Diego nascera em 1474 no bairro de Tlayácac, que na época pertencia ao distrito de Cuauhtitlán. O seu nome asteca era Cuauhtlatóhuac, o que na língua náuatle significa «aquele que fala como a águia». Como na mitologia desse povo a águia representava frequentemente o deus Sol, é possível que Cuauhtlatóhuac significasse também «aquele que fala sem duplicidade, aquele que fala sem mentir, que diz a verdade», como o fazia esse deus.

Cuauhtlatóhuac era um *macehualli*, um trabalhador do campo*. Conta-se que possuía uma plantação de milho e uma casa simples, que doou ao seu tio depois das aparições de 1531.

Converteu-se em 1525, graças à pregação dos primeiros frades franciscanos que chegaram ao México em 1523. Recebeu o batismo juntamente com toda a família, e tomou o nome de Juan Diego; sua mulher — Malintzin —, o de Maria Lúcia, e o tio, que fazia as vezes de pai para Juan Diego, o de Juan Bernardino.

(*) Os *macehualtín* — plural de *macehualli*, palavra derivada do verbo *macehuallo*, que significa «trabalhar para obter mérito» — representavam a massa da população mexicana, os homens comuns, os camponeses, os que não pertenciam a nenhuma das classes superiores, mas que também não eram escravos.

Todos foram batizados pelo frade franciscano Toribio de Benavente, autor da *História dos índios da Nova Espanha*. Frei Toribio adotara o sobrenome *Motolinía*, inspirado nos próprios índios que, ao verem os frades franciscanos com os seus hábitos paupérrimos, exclamavam: «*motolinía, motolinía*», isto é, «pobres, pobres». Diga-se de passagem que a pobreza dos franciscanos também serviu para que os astecas percebessem a importância de que a religião se revestia entre os espanhóis, pois até o «todo-poderoso» Hernán Cortez se ajoelhava diante daqueles frades e lhes beijava a mão.

Após a morte da esposa, Juan Diego passou a viver com o tio. Assistia à missa em Tlatelolco, no convento dos franciscanos, e foi num dos sábados em que se dirigia para lá, no dia 9 de dezembro de 1531, que Nossa Senhora lhe apareceu pela primeira vez. Tinha então 57 anos, e a sua cultura e mentalidade, evidentemente, eram as do seu povo, fato que explica muitas particularidades da aparição e do seu relato.

Depois da época das aparições, Juan Diego mudou-se para a colina de Tepeyac, para morar numa choupana que construiu ao lado da capela erigida para atender ao pedido de Nossa Senhora. Teve uma vida tranquila e recolhida, profundamente religiosa; Carmen Garcia, historiadora, faz constar que «tinha permissão para comungar três vezes por semana», fato raro numa época em que nem freiras nem religiosos podiam comungar mais de uma vez por semana. Tornou-se uma figura extremamente querida tanto entre os índios como entre os espanhóis, a tal ponto que se generalizou o costume de as mães abençoarem os seus filhos dizendo: «Possa Deus tratar-te como tratou Juan Diego».

Faleceu em 1548, aos setenta e quatro anos de idade. Iniciado recentemente o seu processo de canonização, a Sagrada Congregação para as Causas dos Santos emitiu no dia 9 de abril de 1990 o decreto em que reconhecia as suas virtudes heroicas, e um mês depois o Papa João Paulo II beatificou-o durante a sua segunda visita ao México.

O *NICAN MOPOHUA**

AQUI SE CONTA
ORDENADAMENTE COMO HÁ POUCO TEMPO
A PERFEITA VIRGEM SANTA MARIA MÃE DE DEUS,
NOSSA RAINHA, APARECEU MILAGROSAMENTE
LÁ NO TEPEYAC, CHAMADO GUADALUPE.

Em primeiro lugar, deixou-se ver por um indiozinho cujo nome é Juan Diego, e depois a sua Preciosa imagem apareceu diante do recém-chegado Bispo D. Frei Juan de Zumárraga.

Dez anos depois de conquistada a cidade do México, quando já estavam

(*) Segundo a versão para o castelhano feita por Mario Rojas Sánchez. Os subtítulos e as notas são do editor.

depostas as flechas e os escudos, quando por toda a parte havia paz entre os povos, estava já brotando, já verdejava, já abria a sua corola a fé, o conhecimento dAquele por quem se vive: o verdadeiro Deus.

Primeira aparição: A mensagem

Por aquela época, no ano de 1531, aos poucos dias do mês de dezembro, aconteceu que havia um indiozinho, um homem pobre do povo, cujo nome era Juan Diego, segundo se diz morador de Cuauhtitlan, e que nas coisas de Deus pertencia totalmente a Tlatelolco*.

Era sábado, muito de madrugada, e vinha em busca de Deus e dos seus mandamentos**. Ao aproximar-se da colina chamada Tepeyac, estava amanhecendo. Ouviu gorjeios no alto da colina, como o canto de muitos pássaros finos, e quando

---

(*) O convento franciscano.

(**) Ia à Missa e à aula de catecismo.

as vozes paravam — vozes sobremaneira suaves, deleitosas, cantos que sobrepujavam os do *coyoltototl*, do *tzinitzcan* e de outros pássaros finos —, o morro como que lhes respondia.

Deteve-se Juan Diego para ver o que havia e disse de si para si: «Porventura sou digno, sou merecedor do que estou ouvindo? Estarei sonhando? Estarei vendo tudo como se fosse em sonhos? Onde estou? Onde me encontro? Na terra de que nos falavam os nossos antepassados, os nossos avós: na terra das flores, na terra do milho, da nossa carne, do nosso sustento? Estarei por acaso na terra celestial?»

Para lá olhava, para o alto da colina, do lado onde nasce o sol, de onde procedia o precioso canto celestial. E quando o canto parou de repente, quando deixou de ouvir-se, percebeu que o chamavam do alto do morro e lhe diziam: «*Juanito, Juan Dieguito!*»

Imediatamente atreveu-se a subir aonde o chamavam. Não experimentou nenhuma perturbação no coração nem nada que lhe causasse medo, antes sentiu-se em extremo alegre e contente. Subiu a colina para ver de onde o chamavam. E quando chegou ao topo, viu uma Donzela que ali estava de pé e que lhe acenou para que se aproximasse.

Quando chegou diante dEla, muito se admirou de que maneira acima de toda a ponderação avantajava a sua perfeita grandeza: o seu vestido resplandecia como o sol, era como se reverberasse, e a penha, o lugar em que estava de pé, como que irradiava; o seu resplendor era como de pedras preciosas, e a terra parecia um bracelete, reluzindo como o arco-íris na névoa. E os espinheiros e os cactos e as demais ervas que ali costumam crescer pareciam esmeraldas, as suas folhagens eram como turquesas, e os seus troncos, os seus espinhos, os seus gomos brilhavam como ouro.

Prostrou-se na sua presença. Escutou o seu alento, a sua palavra, que era extremamente glorificadora, sumamente afável, como de quem o atraía e o estimava muito. Disse-lhe Ela: «*Escuta, meu filho menor, Juanito, para onde te diriges?*»

E ele respondeu-lhe: «Minha Senhora, Rainha, minha pequena Menina, vou à tua casa do México, Tlatelolco, para seguir as coisas de Deus que nos dão, que nos ensinam aqueles que são as imagens de Nosso Senhor, os nossos Sacerdotes». A seguir Ela falou-lhe, descobriu-lhe a sua preciosa vontade e disse-lhe: «*Sabe, e tem por certo, meu filho o mais pequeno, que eu sou a perfeita sempre Virgem Santa Maria, Mãe do verdadeiríssimo Deus por quem se vive, o Criador das pessoas, o dono dos arredores e das imediações, o dono do céu, o dono da terra. Muito quero, muito desejo que aqui me seja erigido um templo, em que me mostrarei e me darei às pessoas em todo o meu amor, no meu olhar compassivo, no meu auxílio, na minha salvação: porque em verdade Eu sou a vossa Mãe compassiva, tua e de todos os homens que nesta terra estais reunidos, e de todas as outras variadas estirpes de homens, dos que me amam, dos que chamam por mim, dos que me buscam, dos que confiam em mim, porque ali escutarei o seu pranto e a sua tristeza para remediá-los, para curar todas as suas diversas penas, as suas misérias e as suas dores. E para que se realize o que pretende o meu compassivo olhar misericordioso, irás ao palácio do Bispo do México, e lhe dirás que Eu te envio, e lhe mostrarás que Eu desejo muito que aqui me providencie um santuário, que erga na planície o meu templo; tudo lhe contarás, tudo o que viste e admiraste, e o que ouviste. E tem por certo que muito to agradecerei e to pagarei, que por isso te enriquecerei e te glorificarei; com isso merecerás muito que eu retribua o teu cansaço, o teu serviço, com que vás solicitar o assunto para o qual te envio. Já ouviste, meu filho o menor, o meu alento, a minha palavra; anda, faz o que te cabe*».

Imediatamente [Juan Diego] prostrou-se na sua presença e disse-lhe: «Minha Senhora, Menina, vou já realizar o teu venerável alento, a tua venerável palavra, e por agora afasto-me de ti, eu, teu pobre indiozinho».

Em seguida desceu para executar a tarefa, chegou à calçada* e foi diretamente ao México. Ao chegar ao interior da cidade, dirigiu-se imediatamente ao palácio do Bispo, do Governante Sacerdote, que havia chegado muito recentemente; seu nome era D. Frei Juan de Zumárraga, Sacerdote de São Francisco.

Assim que lá chegou, tentou vê-lo, pedindo aos seus servidores e aos seus ajudantes que fossem avisá-lo; passado um longo tempo, vieram chamá-lo, quando o Senhor Bispo mandou que entrasse.

Ao entrar, [Juan Diego] ajoelhou-se diante dele, prostrou-se e contou-lhe o precioso alento, a preciosa palavra da Rainha do Céu, a sua mensagem, e também

(*) A cidade do México, ou Tenochtitlán, estava situada sobre uma ilha no centro de um lago salobre, e ficava ligada ao continente por quatro diques pavimentados com pedras.

A primeira aparição, em pintura de Jorge Sánchez.

Reconstrução da cidade do México (Tenochtitlán) de 1519; pintura mural na Sala Mexica do Museu Nacional de Antropologia, cidade do México. Veem-se os diques que ligavam a ilha à terra firme e, indicada pela seta, a colina do Tepeyac.

narrou tudo o que tinha admirado, o que tinha visto e ouvido.

Tendo escutado toda a sua narrativa, a sua mensagem, como quem não a tinha muito por certa, [o Bispo] respondeu-lhe e disse-lhe: «Meu filho, voltarás outra vez e te ouvirei com calma, observarei tudo bem desde o princípio, e considerarei a razão por que vieste, a tua vontade, o teu desejo».

Saiu [Juan Diego]. Vinha triste porque não dera cumprimento imediato ao seu encargo. Saiu de lá ao terminar o dia e foi diretamente ao topo da colina, e teve a dita de encontrar a Rainha do Céu: ali, exatamente onde lhe aparecera pela primeira vez, [Ela] estava à sua espera.

Segunda e terceira aparições

Assim que a viu, prostrou-se diante dEla, lançou-se por terra e disse-lhe: «Minha pequena Senhora, Rainha, minha Filha a menor, minha Menininha, já fui aonde me enviaste para cumprir o teu amável alento, a tua amável palavra; com grande dificuldade entrei onde fica o Governante Sacerdote e o vi, e diante dele expus o teu alento, a tua palavra, como me mandaste. Recebeu-me amavelmente, escutou-o perfeitamente, mas, pelo que me respondeu, ou não o entendeu ou não o tem por certo. Disse-me: "Virás uma outra vez, e com calma te ouvirei, e bem desde o princípio verei por que vieste, qual o teu desejo e a tua vontade". Bem pude perceber, pelo que me respondeu, que ele pensa que a casa que Tu queres que te ergam aqui talvez não passe de invenção minha, ou que não vem dos teus lábios esse querer.

«Muito te suplico, Senhora minha, Rainha, minha Menininha, que encarregues algum dos estimados nobres, alguém que seja conhecido, respeitado e honrado, de conduzir, de levar o teu amável alento, a tua amável palavra, para que nela creiam. Porque em verdade sou um homem do campo, sou um farrapo, sou capacho, sou cauda, sou asa; eu próprio tenho de ser conduzido, sou gente pequena, não é próprio de mim andar e deter-me naquele lugar a que me enviaste, minha Virgenzinha, minha Filhinha, Senhora, Menina. Por favor, dispensa-me: senão, afligirei com pena o teu rosto e o teu coração, atrairei o teu desgosto e o teu enfado; Senhora minha Dona, perdoa-me que te cause tanto pesar».

Respondeu-lhe a Perfeita Virgem, digna de honra e de veneração: «*Escuta, mais pequeno dos meus filhos: tem por certo que não são poucos os meus servidores, os meus mensageiros, a quem encarrego de levar o meu alento, a minha palavra, e de executar a minha vontade; mas é muito necessário que vás tu pessoalmente, que peças, que por tua intercessão se realize e se leve a cabo o meu querer, a minha vontade. E muito te peço, meu filho o menor, e com rigor te confio esta missão: que voltes amanhã a ver o Bispo. E, da minha parte, faz-lhe ouvir o meu querer, a minha vontade, para que realize e faça o templo que lhe estou pedindo. E torna a dizer-lhe de que modo Eu em pessoa, a sempre Virgem Santa Maria, Eu que sou a Mãe de Deus, te confiei esta missão*».

Juan Diego, por sua vez, respondeu-lhe e disse: «Senhora minha, Rainha, minha Menininha, que não angustie eu com pena o teu rosto e o teu coração, que não te cause aflições; com todo o gosto irei pôr em prática o teu alento, a tua palavra; de forma alguma deixarei de fazê-lo, nem tenho por incômodo o caminho.

«Irei pôr em prática a tua vontade, mas talvez não seja ouvido, e, se for ouvido, talvez não me creiam. Amanhã à tarde, ao pôr do sol, voltarei para devolver ao teu alento, à tua palavra, a resposta que o Governante Sacerdote me tenha dado. Por ora despeço-me respeitosamente de ti, minha Filha a menor, Jovenzinha, Senhora, minha Menina. Descansa mais um pouquinho». A seguir foi ele para casa, a fim de descansar.

No dia seguinte, domingo, bem de madrugada, quando tudo ainda estava escuro, saiu de sua casa, foi direto a

Tlatelolco, para cuidar do que diz respeito a Deus e para ser contado na lista; depois foi ver o Senhor Bispo. Foi por volta das dez que se encontrou preparado: tinha ouvido Missa, tinha-se feito a chamada e a multidão já se dispersara.

E Juan Diego foi imediatamente ao palácio do Senhor Bispo. Ao lá chegar, fez todo o esforço por vê-lo, e com muito trabalho voltou a ser recebido; ajoelhou-se aos seus pés, chorou, pôs-se triste ao falar-lhe, ao descobrir-lhe a palavra, o alento da Rainha do Céu, pois desejava que fosse aceita a sua mensagem, a vontade da Perfeita Virgem de que lhe fizessem, de que lhe erigissem a sua casinha sagrada lá onde dissera, lá onde a queria.

E o Bispo governante muitíssimas coisas lhe perguntou, examinou-o com rigor, para poder certificar-se de onde [Juan Diego] a tinha visto e de como era Ela. Mas apesar de [Juan Diego] lhe ter declarado absolutamente tudo, e de em cada coisa [o Bispo] se ter admirado e caído na conta de que realmente parecia com toda a clareza ser Ela a Perfeita Virgem, a Amável, a Maravilhosa Mãe do Nosso Salvador o Senhor Jesus Cristo, nem por isso se decidiu de imediato, e lhe disse [a Juan Diego] que não realizaria o que lhe pedia só por sua palavra e a seu pedido, mas que era muito necessário um outro sinal para que pudesse crer que era a Rainha do Céu em pessoa quem o enviava.

Assim que Juan Diego ouviu estas palavras, disse ao Bispo: «Senhor Governante, considera qual será o sinal que pedes, porque irei pedi-lo imediatamente à Rainha do Céu, que me enviou». Ao ver o Bispo que insistia no que dissera, que em nada vacilava nem duvidava, despachou-o a seguir.

E enquanto [Juan Diego] se afastava, mandou que o seguissem alguns da sua casa, em quem tinha absoluta confiança, para que observassem aonde ia, com quem se encontrava, com quem falava. E assim se fez. E Juan Diego foi pelo caminho mais direto, percorreu a calçada. E os que o seguiam perderam-no de vista na ponte de madeira, lá onde o dique termina, perto do Tepeyac. Mesmo buscando-o por toda a parte, não conseguiram mais vê-lo em lugar algum.

Tiveram, pois, de voltar. Mas ficaram irritados, não só porque tinham tido grande incômodo, mas também porque se tinham visto frustrados no seu propósito. Por isso foram contá-lo ao Senhor Bispo, e meteram-lhe na cabeça que não devia dar-lhe crédito [a Juan Diego], disseram-lhe que só lhe contava mentiras, que não fazia senão inventar o que lhe dizia, o que lhe pedia. E também combinaram entre si que, se voltasse outra vez, se regressasse, haviam de agarrá-lo e de castigá-lo fortemente, para que já não voltasse a dizer mentiras nem alvoroçasse o povo.

Entretanto, Juan Diego estava com a Santíssima Virgem, dando-lhe a resposta que trazia do Senhor Bispo. Depois que a Senhora a ouviu, disse-lhe: «*Está bem, meu filhinho, voltarás aqui amanhã para levares ao Bispo o sinal que te pediu; com isso acreditará em ti, e já não duvidará de ti nem de ti suspeitará acerca deste assunto. E sabe, meu filhinho, que eu te pagarei as tuas preocupações e o trabalho e o cansaço que tomaste a peito por mim. Vai-te por agora, que amanhã te espero aqui».*

Quarta aparição: O sinal

No dia seguinte, segunda-feira, quando Juan Diego devia levar algum sinal para ser crido, não voltou. Porque, ao chegar a casa, um tio seu chamado Juan Bernardino tinha adoecido e estava muito mal. Ainda foi procurar um médico, ainda fez o que pôde, mas já era tarde, pois o seu estado [do tio] era muito grave. E quando anoiteceu, o tio pediu-lhe que de madrugada, quando ainda estivesse escuro, fosse chamar em Tlatelolco algum Sacerdote para que viesse confessá-lo, para que viesse prepará-lo, porque tinha a certeza de que chegara a hora e o lugar de morrer, de que já não se levantaria nem se curaria.

E na terça-feira, ainda muito de noite, de lá saiu Juan Diego, da sua casa, para chamar um Sacerdote em Tlatelolco. Quando chegou ao lado da colina em que termina a serra [o Tepeyac], junto do sopé, lá onde sai o caminho que vai na direção em que o sol se põe, e por onde antes costumava passar, disse a si mesmo: «Se for pelo caminho mais direto, certamente esta Senhora me verá, e com certeza, como das outras vezes, vai reter-me para que eu leve o sinal ao Governante eclesiástico, como me tinha mandado. Não; que primeiro nos deixe a nossa tribulação, que antes eu vá chamar o Sacerdote religioso, pois meu tio não faz senão aguardá-lo». Contornou então a colina, subiu pelo meio e, atravessando por ali, foi sair na parte oriental, para chegar rapidamente ao México, para que a Rainha do Céu não o detivesse.

Pensava que, lá por onde estava dando a volta, não podia vê-lo Aquela que enxerga perfeitamente todos os lugares. Viu-a [Juan Diego] descendo do alto da colina, e percebeu que de lá estivera a observá-lo, no lugar de onde antes o via. Saiu-lhe [a Virgem] ao encontro numa das vertentes da colina, veio atalhar-lhe os passos e disse-lhe: «*Que te está acontecendo, meu filho o menor? Para onde vais, para onde te diriges?*»

E ele, ter-se-á apenado ou envergonhado um pouco, ou se assustou, ou se pôs a tremer? Prostrou-se na sua presença, saudou-a e disse: «Minha Jovenzinha, minha Filha a menor, minha Menina, oxalá estejas contente. Como amanheceste hoje? Está bem o teu amado corpinho, minha Senhora, minha Criança? Infelizmente, tenho que causar-te uma aflição: deves saber, minha Menininha, que está passando muito mal um servo teu, o meu tio. Uma grande doença tomou conta dele, e certamente morrerá logo por causa dela. E agora estou indo às pressas à tua casinha do México, para chamar algum dos amados de Nosso Senhor, um dos nossos Sacerdotes, para que venha confessá-lo e prepará-lo para bem morrer.

Porque em verdade para isto nascemos, os que viemos esperar o trabalho da nossa morte. Mas assim que tiver feito este encargo, aqui voltarei em seguida para levar o teu alento, a tua palavra, Senhora, minha Jovenzinha. Peço-te que me perdoes, tem comigo ainda um pouco de paciência, porque não te estou enganando. Minha Filha a menor, minha Menina, amanhã sem falta virei a toda a pressa».

Assim que terminou de ouvir as razões de Juan Diego, respondeu-lhe a Piedosa Perfeita Virgem: «*Escuta, e guarda-o no teu coração, meu filho o menor, que o que te assusta e te aflige é nada. Não se perturbe o teu rosto nem o teu coração, não temas esta doença, nem nenhuma outra doença ou coisa dolorosa e aflitiva. Não estou Eu aqui, Eu que sou a tua mãe? Não estás sob a minha sombra e resguardo? Não sou Eu a fonte da tua alegria? Não estás debaixo do meu manto e em meus braços? Por acaso tens necessidade de alguma outra coisa? Nada te aflija ou te perturbe; não te aperte com aflição a doença do teu tio, porque dela não morrerá por agora. Tem por certo que ele já está bom»*. (E imediatamente, naquele mesmo momento, o seu tio ficou curado, como depois se soube).

E Juan Diego, ao ouvir a amável palavra, o amável alento da Rainha do Céu, ficou muitíssimo consolado, apaziguou-se totalmente o seu coração, e suplicou que imediatamente o enviasse ao Governante Bispo levando-lhe algum sinal de comprovação, a fim de que cresse.

A Rainha do Céu mandou-o então subir até o topo da colina, lá onde anteriormente a vira, e disse-lhe: «*Sobe, meu filho o menor, sobe ao topo da colina, lá onde me viste e onde te fiz o meu pedido; ali verás flores variegadas: corta-as, reúne-as, põe-nas todas juntas, e depois desce até aqui, trazendo-as até aqui, até à minha presença*».

E Juan Diego subiu sem perda de tempo a colina, e chegando ao topo admirou-se muito ao ver quantas [flores] havia, florescidas, abertas as corolas, flores as mais variadas e mais formosas, quando ainda não era tempo delas, pois na verdade era a estação em que recrudesciam os gelos. Exalavam um odor suavíssimo, como pérolas preciosas, como que cheias do orvalho da noite. [Juan Diego] Pôs-se a cortá-las, juntou-as todas e colocou-as no vão do seu poncho*.

Logo a seguir desceu e veio trazer à Menina Celestial as diversas flores que tinha ido cortar, e quando [Ela] as viu, tomou-as nas suas veneráveis mãos e depois voltou a pô-las todas juntas no vão do seu ayate e disse-lhe: «*Meu filhinho menor, estas diversas flores são a prova, o sinal que levarás ao Bispo; e dir-lhe-ás da minha parte que veja nelas o meu desejo, e que por isso realize o meu querer e a minha vontade. Quanto a ti..., tu que és o meu mensageiro..., em ti se deposita absolutamente a confiança; e mando-te muito, com rigor, que somente na presença do Bispo abras o teu ayate, a sós, e lhe mostres o*

(*) Levantou os lados e a ponta, improvisando uma trouxa.

que estás levando. E lhe contarás tudo cuidadosamente e lhe dirás que te mandei subir ao topo da colina para cortar as flores, e todas as demais coisas que viste e admiraste, para que possas convencer o Governante Sacerdote, e para que ele logo faça o que lhe cabe a fim de que se construa e se levante o meu templo, que lhe pedi».

E quando a Rainha Celestial acabou de lhe dar a sua ordem, [Juan Diego] dirigiu-se à calçada, veio direto para o México, e já vinha contente. Já vinha com o coração sossegado, porque tudo sairia bem, porque cuidaria de tudo perfeitamente. Ao andar, tomava muito cuidado com o que trazia no vão das suas vestes, não fosse acontecer que estas se rasgassem nalgum ponto, e vinha desfrutando do aroma das diversas preciosas flores.

Quando chegou ao palácio do Bispo, foram ao seu encontro o porteiro e os outros servidores do Sacerdote governante, e [ele] suplicou-lhes que o deixassem vê-lo, mas nenhum quis; fingiam que não o entendiam, ou [diziam] que ainda estava muito escuro, porque já sabiam que [Juan Diego] não fazia mais que importuná-los, pois já tinham sido alertados pelos seus companheiros, os que o tinham perdido de vista quando tinham tentado segui-lo.

Durante muitíssimo tempo [Juan Diego] esteve esperando que lhe dessem atenção. E quando [os servidores] viram que por longo tempo ele permanecia ali, de pé, cabisbaixo, sem fazer nada, esperando ser chamado, e ao verem que parecia trazer alguma coisa, que a levava no vão do seu poncho, aproximaram-se dele para ver o que trazia e satisfazer a sua curiosidade. E quando Juan Diego viu que de nenhuma maneira poderia ocultar-lhes o que trazia e que estavam dispostos a machucá-lo, que o empurrariam ou até lhe bateriam com paus, mostrou-lhes um pouquinho as flores.

E quando [os servidores] viram que eram todas flores finas e variadas, e que então não era tempo de que crescessem, admiraram-se muitíssimo do frescor que tinham e de como estavam abertas as suas corolas, de como era agradável o seu perfume, de como eram bonitas. E quiseram pegar e tirar algumas: três vezes aconteceu que se atreveram a pegá-las, mas não conseguiram fazê-lo de forma alguma, porque, ao tentarem, já não conseguiam ver as flores, mas viam-nas como que pintadas, bordadas ou cosidas no manto.

Imediatamente foram contar ao Governante Bispo o que tinham visto, e que o indiozinho, que das outras vezes viera, desejava vê-lo, e que estava ali aguardando a permissão havia muitíssimo tempo, porque queria vê-lo. E o Governante Bispo, ao ouvi-los, percebeu que aquela era a prova para convencê-lo e para que executasse o que lhe pedia o homenzinho. Imediatamente deu ordem para que entrasse.

Quinta aparição: A imagem

Tendo entrado, [Juan Diego] prostrou-se diante dele, como já anteriormente havia feito. Novamente contou-lhe o que havia visto e admirado, e a sua mensagem. Disse-lhe: «Meu senhor, Governante, já fiz, já levei a cabo o que me mandaste; fui dizer à Senhora minha Ama, a Menina Celestial, Santa Maria, a Amada Mãe de Deus, que pedias uma prova para que pudesses crer-me, para que lhe fizesses a sua casinha sagrada onde Ela te pedia que a levantasses; e também lhe disse que te havia dado a minha palavra de que viria trazer-te algum sinal, alguma prova da sua vontade, como me mandaste.

«E [Ela] escutou bem o teu alento, a tua palavra, e recebeu com agrado o teu pedido de um sinal de prova, para que se torne verdadeira a sua amada vontade. E agora, quando ainda era de noite, mandou que voltasse outra vez para ver-te, e lhe pedi a prova para ser crido, segundo dissera que ma daria, e imediatamente [Ela] cumpriu a palavra. Mandou-me ao topo da colina onde anteriormente a tinha visto, para que ali cortasse diversas rosas de Castela. E depois de as ter

Pintura de Miguel Cabrera (1695-1768) que representa Juan Diego ao abrir o seu ayate diante do Bispo. O quadro baseia-se possivelmente num original contemporâneo das aparições.

cortado, fui levá-las para baixo, e [Ela] as tomou nas suas santas mãos e tornou a colocá-las no vão do meu ayate, para que eu viesse trazê-las a ti e para que a ti pessoalmente as entregasse.

«Ainda que eu bem soubesse que o topo da colina não é lugar em que cresçam flores, porque ali só há abundância de penhas, de abrolhos, de *huizaches*, de cactos e de espinheiros, nem por isso duvidei, nem por isso vacilei. Quando cheguei ao topo do morro, pensei que fosse o paraíso. Ali estavam já perfeitas todas as diversas flores preciosas, das mais finas que há, cheias de orvalho, de modo que logo as fui cortar; e [Ela] me disse que da sua parte as desse a ti, e que assim eu daria a prova, e que visses o sinal que me tinhas pedido antes de realizares a sua amada vontade, e que assim aparecesse que é verdade a minha palavra, a minha mensagem. Aqui as tens: faz-me o favor de recebê-las».

A seguir estendeu o seu branco poncho, em cujo vão colocara as flores.

E quando caíram ao chão todas as variadas flores preciosas, ali mesmo [o ayate] converteu-se em sinal, surgiu de repente a Amada imagem da Perfeita Virgem Santa Maria, Mãe de Deus, na forma e figura em que hoje se encontra, lá onde hoje é conservada, na sua amada casinha, na sua sagrada casinha no Tepeyac, que se chama Guadalupe.

Quando o Bispo Governante viu a imagem, e todos os que ali estavam [a viram também], ajoelharam-se, admiraram-na longamente, puseram-se de pé para vê-la, entristeceram-se e afligiram-se, suspenso o coração e o pensamento...

E o Bispo Governante, com pranto e com tristeza, rogou-lhe, pediu-lhe perdão por não ter realizado logo a sua vontade, o seu venerável alento, a sua venerável palavra, e quando se pôs de pé desatou do pescoço [de Juan Diego] — a que estava atada — a veste, o poncho de Juan Diego em que aparecera e se convertera em sinal a Rainha Celestial. Em seguida levou-a [a veste], e foi colocá-la no seu oratório. Juan Diego ainda passou um dia na Casa do Bispo, que ali o reteve.

No dia seguinte, disse-lhe: «Anda, vamos, mostra-me onde é vontade da Rainha do Céu que lhe ergam o seu templo». Imediatamente se convidou gente para construí-lo e levantá-lo. E Juan Diego, depois de ter mostrado o local em que a Senhora do Céu mandara que se erigisse a sua casinha sagrada, pediu licença: queria ir à sua casa para ver o seu tio Juan Bernardino, que estava muito mal quando o deixara a fim de ir chamar um Sacerdote em Tlatelolco, para que o confessasse e o preparasse, e de quem a Rainha do Céu dissera que já estava curado. Mas não o deixaram ir só; acompanharam-no até à sua casa.

Ao chegarem lá, viram o seu tio, que estava são; absolutamente nada lhe doía. E ele, por sua vez, admirou-se muito da forma como o seu sobrinho vinha acompanhado e era muito honrado; perguntou ao seu sobrinho por que acontecia aquilo, que tanto o honrassem, e ele [Juan Diego] contou-lhe que, quando o deixara para ir chamar um Sacerdote para confessá-lo e prepará-lo, lá no Tepeyac lhe havia aparecido a Senhora do Céu, que o mandara ao México para ver o Governante Bispo, a fim de que este lhe fizesse uma casa no Tepeyac. E [Ela] dissera-lhe que não se afligisse, pois o seu tio já estava contente, e com isso ele [Juan Diego] consolara-se muito.

Confirmou-lhe o tio que era certo, que havia sarado naquele exato momento, e que a tinha visto [a Virgem] exatamente da mesma forma em que aparecera ao seu sobrinho, e que [Ela] lhe tinha dito também que o enviara ao México para ver o Bispo, e que [Juan Bernardino], quando fosse vê-lo [ao Bispo], lhe contasse absolutamente tudo, contasse o que tinha visto e a maravilhosa maneira pela qual Ela o tinha curado, e que a sua Amada Imagem deveria ser chamada, ser nomeada exatamente assim: *a Perfeita Virgem Santa Maria de Guadalupe*.

Imediatamente levaram Juan Bernardino à presença do Governante Bispo, levaram-no para falar com ele, para que desse testemunho. E o Bispo hospedou-o em sua casa, juntamente com o seu sobrinho Juan Diego, alguns dias, até que se terminou de levantar a casinha da Menina Rainha lá no Tepeyac, onde se deixara ver por Juan Diego.

E o Senhor Bispo transladou para a Igreja Maior a amada imagem da Amada Menina Celestial. Foi tirá-la do seu palácio, do seu oratório, onde estava, para que todos vissem e admirassem a sua amada Imagem.

Absolutamente toda a cidade, sem faltar ninguém, se comoveu quando veio ver e admirar a preciosa imagem. Vinham reconhecer o seu caráter divino. Vinham apresentar os seus pedidos. Muito se admiraram da milagrosa maneira como aparecera, já que absolutamente nenhum homem da terra pintou a sua amada imagem.

A CONVERSÃO DOS ASTECAS

Apresentamos até aqui o belíssimo relato. Vejamos agora algumas questões que se levantam.

Em primeiro lugar, como é que uma simples lenda piedosa pôde provocar a conversão fulminante de todo um povo? Em segundo lugar, como é que esta lenda pôde chegar a alterar as relações entre os espanhóis e os índios de forma a prejudicar os interesses dos conquistadores, que tinham começado por explorar abusivamente os conquistados? E, em terceiro lugar, como explicar que esta lenda não só tenha produzido um vínculo fortíssimo entre os espanhóis e os índios, mas tenha mesmo chegado a constituir um dos laços de união mais importantes —

talvez o mais importante — entre os mexicanos atuais?

Apesar de que a afirmação possa parecer paradoxal, uma vez que se conhece bem o papel que os sacrifícios humanos representavam na religião asteca — cálculos prudentes falam em cerca de 20.000 prisioneiros de guerra imolados em quatro dias, por ocasião da consagração do templo principal de Tenochtitlán —, pode-se dizer que até certo ponto a religiosidade natural deste povo facilitou a sua conversão.

Com efeito, criam na existência de um Ser Supremo único, caracterizado como «Aquele que tem tudo em Si mesmo», ou como «Senhor dos arredores e da intimidade», «Aquele por quem se vive», «o Criador das pessoas», «o Criador das coisas», o «Providente», situado acima dos seus deuses da agricultura ou da guerra. Quando tinham consciência de terem feito algum mal, ou quando estavam para morrer, chamavam um *tlemacazqui*, um sacerdote da deusa Tlazolteotl, «A que come sujeira», e contavam-lhe minuciosamente em privado as faltas cometidas. Ou ainda, quando nascia uma criança, a parteira dizia-lhe: «O deus Ometeucuhtli e Omecihuatl (o deus supremo, que tinha esse nome dual, masculino e feminino) criou-te no lugar mais alto do céu para enviar-te ao mundo; mas hás de saber que a vida que começas é melancólica, dolorosa, e está cheia de problemas e misérias: só comerás o pão com trabalho; que o Criador te ajude ante as adversidades que te esperam».

Além disso, eram um povo sóbrio e trabalhador, mas ao mesmo tempo alegre; tinham o sentido do sacrifício; recebiam os filhos com gosto, e educavam-nos com carinho e muito cuidado. Pode-se, pois, dizer que, apesar de haverem incorrido em aberrações como o sacrifício humano e a antropofagia ritual, por outro lado viviam o conteúdo central da religião natural, e que isso os preparou para receberem a fé.

Após a fulminante campanha de Cortez (1519-1521), todo o México caiu em mãos dos espanhóis, e os povos vizinhos ao norte e ao sul não lhes ofereceram praticamente resistência alguma. Três anos depois chegavam da Espanha doze frades franciscanos para trabalharem na conversão dessas populações. Apesar de um notável sucesso inicial — conta-nos frei Toribio de Benavente, o Motolinía, que entre 1525 e 1531 se converteu cerca de um milhão de índios —, o trabalho ia-se tornando cada vez mais difícil.

A crescente dificuldade provinha, por um lado, do Conselho de Governo encabeçado por Nuno de Guzmán, que sucedera a Cortez na Nova Espanha. Descrito como homem cuja «cobiça só era superada pelo próprio orgulho», Guzmán incorreu em desmandos que, como é natural, esfriaram as relações entre os nativos e os conquistadores. Por outro lado, como D. Juan de Zumárraga fora nomeado Bispo em 1527 e recebera da coroa o título de «protetor dos índios», o Conselho de Governo opôs-lhe toda a resistência possível. Só em 1531 conseguiu o franciscano burlar-lhes a censura e enviar a Madrid um relatório completo da situação, que resultou na substituição de Guzmán e do seu Conselho por outro, presidido por Sebastián Ramirez de Fuenleal.

Por outro lado, a catequese dos índios já convertidos exigia um esforço ingente, e por mais que a mitologia asteca tivesse as suas afinidades com o cristianismo, era lógico que a penetração da doutrina cristã e a formação de uma cultura cristã demandassem um longo tempo, tanto maior quanto mais arraigada estava a religião pagã que tinha de ser substituída. Também o impacto psicológico da queda de Tenochtitlán já tivera tempo de desvanecer-se dos espíritos.

No entanto, após as aparições, renovou-se o ímpeto e produziu-se entre os próprios índios um fortíssimo movimento em direção ao cristianismo. Afirma o mesmo Motolinía que, nos seis anos seguintes, se batizaram oito milhões de nativos, que passaram a difundir espontaneamente a nova fé e a produzir essa «cultura indígena cristã» que até hoje continua viva no México. Por conta própria, os índios adaptaram ao cristianismo os seus cantos e danças, a arte e os ritos; por exemplo, uma canção náuatle do século XVI já diz assim: «A tua alma, ó Santa Maria, / está como viva na Pintura».

Em 1550, ao sair definitivamente do México, Bernal Díaz del Castillo, que fora um dos integrantes da expedição de Cortez e cronista dos seus feitos, pôde escrever: «Vejam as santas igrejas catedrais, e os mosteiros em que há frades dominicanos, bem como franciscanos e mercedários e agostinianos, e vejam quantos hospitais há, e a santa igreja de Guadalupe, que está no Tepeaquilla, onde outrora costumava estar localizado o quartel-general de Gonzalo de Sandoval quando chegamos ao México, e vejam os santos milagres que fez e faz cada dia, e demos muitas graças a Deus e a Nossa Senhora...»

Efetivamente, foi uma explosão devota o que ocorreu ao redor da imagem, passando os índios desde o primeiro momento a atribuir-lhe caráter milagroso. O *Nican motecpana*, texto publicado juntamente com o *Nican mopohua*, relata que, por ocasião do traslado da imagem da catedral para a «casinha sagrada» sobre o Tepeyac, houve uma procissão solene com batalhas simuladas, segundo o costume dos astecas, e um dos participantes foi ferido na garganta por uma flecha extraviada. «Vendo-o já morto, levaram-no e estenderam-no diante da sempre Virgem nossa Rainha, [...] tiraram-lhe a flecha, e não somente ressuscitou como também sarou da flechada, só lhe ficaram as cicatrizes». Apesar da atitude reticente dos franciscanos, não houve meio de conter a onda de devoção que se formou em torno da imagem: «Muitos destes naturais e convertidos tiveram diversas revelações e visões, e alguns deles, pelo bom testemunho da sua vida e pela maneira e simplicidade com que contam a visão, parecem levar caminho de verdade; mas como outras serão ilusões, não faço muito caso de narrá-las detalhadamente, e porque penso que de muitos não serei crido», escreve Motolinía (*Memoriales*, I, 44).

E esta onda não cessou. A devoção popular mexicana à Virgem de Guadalupe serviu em 1810 a Miguel Hidalgo como bandeira da causa da independência, e mesmo nos piores tempos da perseguição à Igreja, promovida com intensidade variável pelos governos republicanos posteriores (entre 1821 e 1940), e que fez vários mártires, nenhum presidente teve a coragem de mandar fechar a Basílica.

QUESTÕES CIENTÍFICAS

Outro grupo de questões diz respeito às características e propriedades do poncho e da imagem, características estas recentemente descobertas e estudadas, e que a ciência considera inexplicáveis:

— a incompreensível duração do ayate, pois a fibra vegetal usada para tecê-lo deveria ter-se decomposto há mais de quatrocentos anos;

— a afirmação do Prêmio Nobel de Química Richard Kuhn — entre muitos outros —, de que «não se entende de que modo a imagem foi "pintada": os pigmentos não são humanos»;

— a conclusão de Aste Tonsman, um cientista que trabalha com a ampliação eletrônica de imagens de satélites enviadas à terra: «Nas íris direita e esquerda dos olhos da Virgem de Guadalupe, cujo diâmetro é de 7 e 8 milímetros respectivamente, há uma série de pessoas e de objetos que reproduzem o episódio relatado pela lenda, o momento da aparição de Nossa Senhora na casa do Bispo».

A duração do poncho

Antonio Valeriano chama Juan Diego de *macehualli*. A vestimenta habitual dos índios desta classe consistia no *maxtlatl*, uma espécie de calção, e no ayate, um poncho que se atava ao ombro ou ao pescoço, pois os astecas desconheciam botões, fivelas ou broches.

Os ayates mediam cerca de um metro e meio de comprimento por um de largura, e eram tecidos com a fibra do agave ou piteira. Para obter essa fibra, esmagavam-se as folhas carnosas dessa planta, e depois ferviam-se para que a polpa se desprendesse totalmente.

O agave era uma planta de importância fundamental para os índios, que utilizavam a sua fibra em vestimentas, esteiras e chapéus — os famosos «sombreros» —, e com ela fabricavam cordas resistentes, além de usarem as folhas na cobertura das suas casas e os espinhos como agulhas de costura; da sua seiva adocicada faziam o «pulque», a bebida preferida dos astecas junto com o chocolate. Ainda hoje se usa a fibra do agave na fabricação de sacaria.

Das 175 espécies de agave que existem, foi o *Agave potule zacc* que forneceu a fibra de que está constituído o ayate de Juan Diego. Por ter sido tecido à mão, e porque algumas das suas partes sofreram maior desgaste do que outras, as bordas não são retas; o seu comprimento varia entre 1,68m e 1,66m, e a largura entre 1,05m e 1,03m; o pano é ralo e tecido em forma de grade retangular.

Como é óbvio, a pergunta de como seria possível que o ayate se tivesse mantido em tão perfeito estado já foi levantada diversas vezes ao longo dos últimos séculos, e o mesmo se pode dizer da imagem.

Costuma-se atribuir este fenômeno ao caráter milagroso da pintura.

Em 1791, um ourives, que fora encarregado de limpar a moldura da imagem, derramou ácido nítrico sobre a tela, segundo alguns intencionalmente. De acordo com os testes químicos realizados posteriormente, o ácido nítrico deveria ter corroído as fibras no local atingido. Mas nada aconteceu; ficaram somente umas manchas amareladas, que vêm desaparecendo com o tempo.

Outro fato extraordinário se deu na manhã do dia 14 de dezembro de 1921, num momento em que a Basílica estava vazia. Luciano Pérez, um operário de construção civil, entrou na igreja trazendo um imenso ramalhete de flores, «proporcionado ao seu enorme tamanho». Se houvesse algum observador na Basílica, talvez se tivesse surpreendido ao ver que Luciano, conhecido pela sua extraordinária força física, usava ambos os braços para levar as flores, tendo mesmo os músculos retesados. É que no interior do ramalhete trazia escondida uma pesada carga de dinamite.

Subiu os degraus do altar e depositou aos pés da Virgem de Guadalupe a oferenda. Retirou-se imediatamente, e pouco depois a bomba explodiu. O mármore dos degraus do altar ficou reduzido a cacos, os candelabros e objetos de metal retorceram-se como se fossem de cera, todos os vidros da igreja e os dos prédios vizinhos ficaram estilhaçados com a violência da explosão; mas o vidro que protegia a imagem não chegou a apresentar sequer um arranhão. «Este fato, concluíram os especialistas, não pode ser explicado cientificamente».

No entanto, por mais incomuns que sejam, tais fatos não são necessariamente milagrosos. O ácido nítrico estava diluído meio a meio com água, e caiu numa parte do ayate que tinha pintura, onde deixou marcas. As ondas de choque das explosões frequentemente deixam intactos alguns objetos próximos; mesmo no caso da bomba atômica, houve pessoas que sobreviveram depois de terem estado exatamente em baixo do lugar da explosão.

Por isso, se se quiser estudar se a conservação do ayate violenta as leis físicas, será necessário recorrer à experimentação científica. Foi o que fez o dr. José Ignacio Bartolache y Dias de Posada, Doutor em Matemática e editor da primeira revista médica da América Central, que em 1785 fabricou diversas cópias idênticas do ayate de Juan Diego, com uma reprodução da imagem pintada sobre elas, para estudar os efeitos da passagem do tempo no tecido e nas figuras. Um desses ponchos, protegido por dois vidros, foi colocado na capela de El Pozito em 12 de setembro de 1789. Seis anos e meio depois, porém, foi necessário retirá-lo do altar em que estava, tal era o grau de deterioração da pintura; poucos anos depois, o próprio tecido se desfez totalmente.

Sabe-se hoje que os tecidos de fibra de agave, mesmo os mais bem trabalhados, dificilmente perduram por mais de

20 anos antes de se decomporem por putrefação; o ayate de Juan Diego, porém, tem quase quinhentos anos, e nesse meio tempo encontrou-se exposto a condições extremamente desfavoráveis: durante mais de um século não teve proteção alguma, até que em 1647 chegou da Espanha o primeiro vidro; a colina de Tepeyac estava rodeada por lagunas salobres, e o ambiente da velha igreja era tão úmido e salitroso que, na expressão índia, «comia as pedras e até os metais»; na primeira capelinha de adobe que os índios e os espanhóis construíram, permaneciam acesas mais de sessenta lâmpadas de óleo que ardiam dia e noite perto da imagem, desprendendo um fumo negro e pegajoso — do qual não há sinais no ayate. Também não se encontram nele restos de fuligem das centenas de milhares de velas votivas que arderam na capela, e tampouco vestígios de poeira ou das nuvens de insetos comuns nas zonas pantanosas.

Outro aspecto que torna ainda mais incompreensível a duração do ayate e da imagem é a sua resistência ao atrito. Dizia um antropólogo mexicano que os seus compatriotas «são muito rezadores, mas também muito manuseadores e beijoqueiros». Podemos imaginar o que terá sido o atrito contínuo da imagem contra terços, estampas, medalhas, escapulários, crucifixos, objetos do mais variado tipo..., sem falar de mãos e de lábios.

A formação da imagem

Também o fato de a tela do poncho estar cheia de manchas e imperfeições que a tornam absolutamente inadequada para se pintar sobre ela, além da absoluta ausência de uma preparação do fundo, vêm há muito tempo chamando a atenção dos estudiosos.

Contam-se por milhares os testemunhos neste sentido. Citemos somente o de frei Pedro de Oyanguren, que nasceu no fim do século XVI, isto é, no mesmo século das aparições: «Esta testemunha sabe e viu a *tilma* — poncho — na qual ficou, esteve e até o dia de hoje está gravada a milagrosa Imagem de Nossa Senhora de Guadalupe, e reconheceu-a e viu-a de perto já por mais de sessenta anos a esta parte, na ermida em que costumava celebrar o Santo Sacrifício da Missa, e sabe que essa *tilma* era, segundo as tradições e notícias, o capote usado pelo índio Juan Diego, com o qual cobria todo o corpo até os joelhos, traje de todos os demais índios que existiram e existem nesta Nova Espanha; verificou ser um tecido que os ditos naturais fabricam manualmente, que chamam ayate, e que é formado por um fio mui tosco e basto, extraído de uma planta que chamam *maguey*, que depois de tramado fica igualmente grosseiro e com a mesma aspereza, de tal maneira que não há santo que seja capaz de pintar nele; porque é tão ralo o pano, que mais parece filó do que tela; de tal forma que, sem poder, como não pode, receber em si a preparação de que se valem os mestres nesta arte para poderem pintar, nunca se presumiu, nem a malícia humana imaginou, que a pintura que no dito ayate ficou gravada fosse outra coisa que não um milagre».

Apesar de testemunhos como este, nunca se levou a cabo um estudo sistemático da formação da imagem. Há, porém, alguns trabalhos específicos, como o do prêmio Nobel de Química Richard Kuhn, que analisou duas fibrilas do ayate, uma avermelhada e outra amarelada, e concluiu que «nas duas fibras não existem corantes vegetais, nem animais, nem minerais e muito menos sintéticos».

A pesquisa mais detalhada, em que ao mesmo tempo se lançou mão dos meios técnicos mais aperfeiçoados — incluindo o uso de radiação infravermelha —, foi iniciada na noite de 7 de maio de 1979, pelos pesquisadores Phillip S. Callahan, da NASA, e Jody Brant Smith, catedrático de Filosofia da Ciência no Pensacola College.

A técnica de fotografia com infravermelho permite, em primeiro lugar, descobrir os traços que o artista desenhou sobre a tela ao fazer o esboço, antes de pintar a versão definitiva do quadro; ao mesmo tempo, permite identificar o fundo usado antes da pintura, que tem por fim facilitar a aplicação harmônica dos pigmentos e cores e prolongar a conservação da mesma. Desse modo pode-se, por exemplo, estabelecer a data em que foi feita a pintura, pois o tratamento ou preparação do fundo variou com os séculos e com os diferentes estilos pictóricos.

Ora bem, aplicou-se a técnica à imagem de Guadalupe, e o resultado foi surpreendente: não existe tratamento algum nem preparação prévia alguma da tela do ayate, fato que torna incompreensível não só a duração da imagem como o modo pelo qual foi possível fixá-la sobre o pano. Mais: a imagem não apresenta desenhos de fundo, esboços prévios ou retificações. E ainda: não há pinceladas; a imagem formou-se — embora pareça impossível — como se fosse uma fotografia da Virgem, e a tela fez as vezes de papel fotográfico. Ou seja: não há tateios, não há esboços, não há modificações, não se usaram pincéis. E por fim: confirma-se a conclusão de Richard Kuhn de que não se consegue identificar a origem das cores, que antes parecem ser efeito da refração da luz, como acontece nas penas dos beija-flores ou nas asas das borboletas.

Foi possível, além disso, distinguir os acréscimos ou retoques feitos ao longo dos séculos na imagem original. Os acréscimos humanos, que aliás apresentam nítidos sinais de deterioração e continuarão provavelmente a sofrer o desgaste do tempo, são: todos os dourados — os raios que partem do corpo da Virgem, os arabescos sobre a sua túnica, o broche do pescoço, a fímbria dourada e as estrelas do manto —; o anjo e a lua debaixo dos pés de Nossa Senhora; o laço de fita na cintura e os punhos das mangas. Por outro lado, foram retocadas as mãos, que aparecem agora mais curtas do que eram originalmente, o queixo e os cabelos. A imagem original estava, portanto, formada pelo rosto e pelos cabelos, pelas mãos, pela túnica rosada e pelo manto azul. Ao contrário dos elementos pintados ou dourados, todas as partes originais «estão como se tivessem acabado de ser pintadas».

Vale a pena citar que os pesquisadores, mesmo num informe tão rigoroso e científico como o que publicaram, concluíram o seu relato — minucioso, árido, objetivo e até aborrecido — com uma frase tomada de G. K. Chesterton: «A minha fé nos milagres não pode ser considerada uma fé mística: fundamenta-se na evidência humana, tal como a minha fé no descobrimento da América. Trata-se, efetivamente, de um simples fato lógico que não requer grandes explicações. Surgiu por aí a extraordinária ideia de que aqueles que negam o milagre são os que sabem considerar fria e objetivamente os fatos, ao passo que os que o aceitam estariam sempre relacionando os fatos com um dogma prévio. Na verdade, acontece o contrário: os que creem aceitam o milagre (com ou sem razão) porque as evidências os obrigam a aceitá-lo. Os que não creem negam o milagre (com ou sem razão) porque a doutrina que professam os obriga a isso».

Os olhos da imagem

Em 1926, o fotógrafo Alfonso Marcué, trabalhando sobre umas fotografias que fizera da imagem, descobriu a existência de uma figura no olho direito da Virgem. Na ocasião, não pareceu oportuna à hierarquia local a revelação dessa descoberta, pois a Igreja mexicana padecia uma perseguição especialmente severa por parte do governo da época. Mais tarde, porém, o pintor e também fotógrafo José Carlos Salinas, aparentemente sem ter notícias da descoberta de Marcué, fez a mesma constatação. Tratava-se de uma figura humana masculina, da qual se viam a cabeça, o ombro, uma mão cofiando a barba, e o rosto, cuja expressão denotava assombro e concentração.

Tornada pública a descoberta, diversos especialistas em oftalmologia — os médicos Torroella, Ugalde, Palacios e outros — passaram a pesquisar o assunto, e começaram a fazer novas comprovações que raiavam o inverossímil. Em primeiro lugar, emitiram a seguinte certidão: «Os abaixo assinados, médicos cirurgiões oftalmologistas, fazem constar que observaram nos olhos da Virgem de Guadalupe, no ayate original que se encontra no altar-mor da Basílica, com toda a nitidez e sem necessidade de nenhum instrumento ótico, a figura de um busto de homem simetricamente colocado em ambos os olhos e que corresponde ao reflexo corneal, de acordo com as leis da ótica». Mas verificaram também que, quando se aplicavam os aparelhos óticos aos olhos da imagem, estes pareciam ganhar brilho e profundidade, como se fossem os olhos de uma pessoa viva, e além disso obedeciam a todas e a cada uma das leis da física ocular, como por exemplo as de Purkinje-Samson.

Os oftalmologistas Purkinje, polonês, e Samson, francês, descobriram independentemente um do outro que no olho humano se formam três reflexos de qualquer objeto enfocado pela pessoa: um na superfície da córnea, direto e brilhante; outro, que se vê num plano mais profundo, na superfície anterior do cristalino, também direto, mas menos brilhante; e o terceiro, formado na superfície posterior ao cristalino, invertido, menor e com uma profundidade e um brilho intermédios entre os dois primeiros.

A dificuldade de reproduzir pictoricamente esses três reflexos é enorme. Em primeiro lugar, o olho pintado teria que ter uma profundidade e um grau de luminosidade quase reais; além disso, a curvatura da córnea e do cristalino produzem uma deformação do objeto refletido; finalmente, a posição das imagens depende do ângulo de entrada da luz no olho: se a fonte luminosa utilizada sobe, o primeiro e o segundo reflexos sobem também, mas o terceiro, o invertido, desce; se a fonte de luz é deslocada para a direita, esta última imagem desloca-se para a esquerda e as outras duas para a direita, e assim por diante.

O «homem com barba» aparece, portanto, três vezes nos olhos do ayate, seguindo rigorosamente as leis de Samson-Purkinje. Uma imagem de quatro milímetros de altura por um de largura, direta e brilhante, parece sair da tela; uma segunda, de igual tamanho, mais profunda e menos brilhante, pode ser observada perfeitamente no interior do olho; e uma terceira, que mal chega a um milímetro de tamanho, está situada a meio caminho entre as outras duas, tem brilho intermédio e está invertida e deslocada para a esquerda...

Embora este fato, como veremos, não seja ainda o mais assombroso, foi o que provocou mais agitação, a tal ponto que a hierarquia local encomendou um relatório completo a um dos mais competentes oftalmologistas da América Central, o dr. Torija Lavoignet. Simultaneamente, o principal jornal da capital mexicana, o *Excelsior*, solicitou ao mesmo especialista que fizesse um estudo do assunto. Apresentamos a seguir uma síntese das conclusões dos dois relatórios preparados pelo dr. Lavoignet, depois de quase um ano de pesquisas:

— pode-se observar a olho nu e com bastante nitidez o reflexo de um busto humano no olho direito da imagem original guadalupana; no olho esquerdo vê-se a mesma imagem, na distância e com a distorção correspondentes às leis da física ótica;

— o reflexo deste busto humano situa-se na superfície da córnea, e é *impossível* obter-se semelhante reflexo numa superfície plana e opaca como é a tela examinada;

— a distorção do busto corresponde à curvatura normal da córnea, e o seu reflexo se destaca por sobre toda a íris como se se tratasse de um olho vivo;

— além deste reflexo, observam-se outras duas imagens desse mesmo busto que correspondem às três imagens de Samson-Purkinje; nessas imagens, o ombro e o braço da figura refletida ultrapassam o círculo da pupila, causando um efeito estereoscópico igual ao que se observa num olho humano vivo;

— ao ser iluminada, a íris torna-se brilhante e os reflexos luminosos contrastam com maior clareza, fenômeno que se pode perceber sem necessidade de aparelhos, e que induzem o observador a pensar que se trata de um olho humano *in vivo*.

Outro médico oftalmologista de grande renome, o dr. Graue, possivelmente o mais competente especialista em enfermidades oculares da América latina, declarou numa entrevista: «Para que o sr. possa ter uma ideia de até que ponto os olhos da imagem parecem olhos de uma pessoa viva, conto-lhe este episódio: estando eu a examiná-los com o oftalmoscópio, dirigi-me inconscientemente à imagem pedindo-lhe em voz alta: "Por favor, olhe um pouquinho para cima...". A Virgem tem os olhos ligeiramente inclinados para baixo e para a direita, e eu, absorto no exame daquela imagem luminosa e profunda, formulei o pedido pensando que estava diante de um paciente...»

O que a tela viu

Deve-se referir por último o estudo mais recente feito sobre os olhos da imagem de Guadalupe, e publicado em outubro de 1981 sob o título *Os olhos da Virgem de Guadalupe* pelo seu autor, Aste Tonsman, que afirma ter descoberto diversas outras figuras e personagens nos olhos da Virgem.

Aste Tonsman é doutor em Engenharia de Sistemas Ambientais e trabalha há mais de vinte anos com computadores. Em certa ocasião, caiu-lhe nas mãos uma revista que referia sucintamente a descoberta do busto humano nos olhos da Virgem de Guadalupe, e interessou-se imediatamente pelo tema. Certamente uma das grandes autoridades

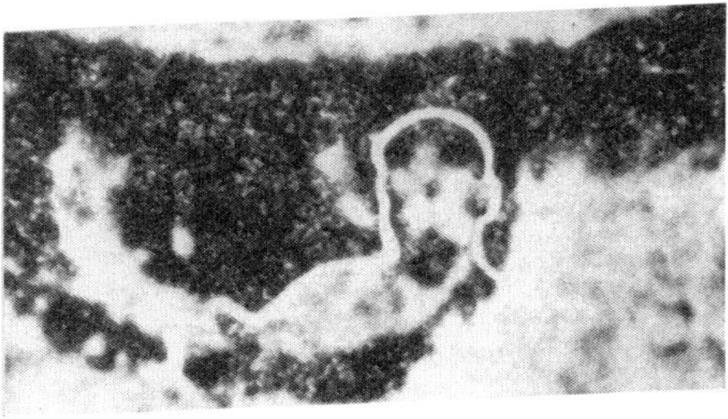

O "busto do homem com barba" no olho direito da Virgem de Guadalupe. A imagem aparece distorcida. Ampliação de 40 vezes.

As principais figuras descobertas por Tonsman nos olhos da imagem. Da esquerda para a direita: um índio acocorado; a cabeça de um ancião, possivelmente Zumárraga; a cabeça de outro homem, supostamente o tradutor; Juan Diego abrindo o seu ayate; embaixo, o "grupo familiar", em proporção bem diferente. As figuras estão perfiladas no vídeo por um contorno mais claro.

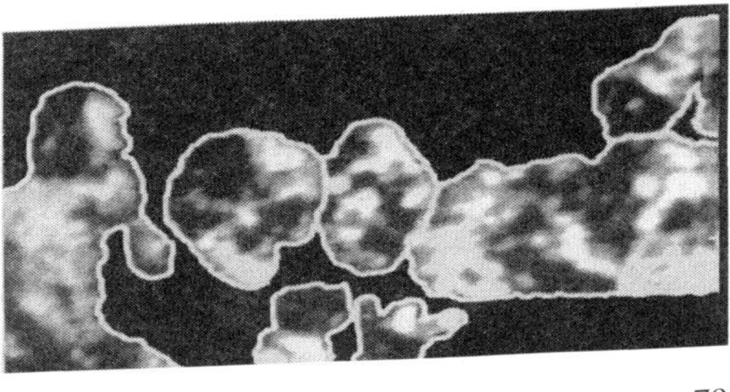

em digitalização de imagens por computador, não podia deixar de compreender as possibilidades que o processo encerrava para o estudo dos olhos da imagem guadalupana. Este método permite, por exemplo, dividir cada milímetro quadrado de uma fotografia em quadrados ainda menores, ampliá-los milhares de vezes, e depois reconstituir a imagem. Além disso, a digitalização permite reconhecer e distinguir 256 tonalidades de cinza, enquanto o olho humano só distingue 32.

Toda a primeira parte do livro em que Tonsman relata os seus estudos sobre a imagem dedica-se a descrever o processo que utilizou: as fotografias que serviram de base para a análise, as digitalizações e ampliações, as escalas de cinza e os filtros usados, a descrição das figuras descobertas, etc. O seu estudo concentrou-se na análise das córneas direita e esquerda impressas na tela. Nos casos em que pôde detectar uma maior riqueza de detalhes, dividiu cada milímetro quadrado das fotografias em 1600 ou 2778 quadradinhos, ampliando depois cada um deles entre trinta vezes e duas mil vezes.

Segundo afirma, já se comprovou na prática, com fotografias tiradas de pessoas vivas, que pelo processo de digitalização da imagem da córnea pode-se determinar com precisão e clareza as pessoas e os objetos que se encontravam diretamente em frente da pessoa fotografada.

Ora bem, quanto às figuras, identificou as seguintes:

— no olho esquerdo, na parte mais afastada do nariz, a de um índio seminu, visível de corpo inteiro, acocorado no chão e de mãos postas, olhando assombrado para outro índio que solta a parte de baixo do seu ayate;

— um ancião, provavelmente frade, que está olhando para baixo, com o que parece uma grossa lágrima correndo dos olhos até à linha dos lábios. A semelhança com o primeiro Bispo do México, frei Juan de Zumárraga, é extraordinária, pelo menos segundo o retrato que dele temos num quadro de Miguel Cabrera, possivelmente feito a partir de alguma pintura contemporânea da aparição;

— imediatamente à esquerda do ancião, a figura de uma pessoa muito jovem, talvez o frade Juan González, tradutor do bispo;

— à esquerda do tradutor e bem em frente do bispo e do índio seminu, o outro índio, de idade madura, trazendo o «sombrero» típico e abrindo o seu ayate, que seria o próprio Juan Diego;

— a figura de uma mulher negra, que olha a cena por cima dos ombros de Juan Diego. Efetivamente, o testamento de frei Juan de Zumárraga declara explicitamente: «...dou alforria e faço livre de toda a servidão, Maria, negra, e Pedro, negro, seu marido, escravos que estão nesta casa, para que tais pessoas livres possam dispor de si no que quiserem»;

— por fim, o «homem com barba» já descoberto pelos oftalmologistas, visível com maior nitidez no olho direito, e que parece corresponder a um sacerdote espanhol, com o polegar direito metido na barba e que olha com assombro e concentração o ayate do índio.

Tonsman conclui o seu estudo com uma surpreendente «hipótese explicativa». Surpreendente porque, se todos os informes anteriores falam, quando muito, de fatos improváveis ou cientificamente inexplicáveis, o dele parte do milagre como pressuposto da teoria formulada. Escreve o dr. Tonsman: «Mesmo com a atual tecnologia, seria praticamente impossível pintar tantas imagens, e com detalhes tão minuciosos, como as que se descobriram nas córneas dos olhos da Virgem, no ayate de Tepeyac. Recordemos que o diâmetro dessas córneas é de apenas 7 ou 8 milímetros, e é preciso enfatizar a rudeza do material em que estão impressas.

«Dada a impossibilidade de explicar por meios naturais a gravação das imagens encontradas, a hipótese que apresentamos a seguir trata de justificar a presença de todos esses personagens, aceitando como um fato sobrenatural (milagroso) a estampagem da imagem da Virgem de Guadalupe. Embora essa hipótese não possa ser comprovada por meios científicos, permitiria explicar por que essas pessoas aparecem nos lugares em que estão, e ajudaria a lançar luzes sobre a *cena do milagre* a partir do conjunto que se parece poder observar na córnea».

A hipótese de Tonsman afirma em resumo:

— que diversas pessoas estavam presentes na cena do milagre, coisa que concorda com o relato do *Nican mopohua*, segundo o qual os empregados perceberam algo de extraordinário no ayate de Juan Diego e foram comunicá-lo ao Bispo. Não seria de estranhar, pois, que diversos deles tivessem entrado junto com o asteca, o que explicaria a presença do índio seminu e da negra, além do tradutor;

— que, também de acordo com o relato original, a gravação da imagem se produziu no instante em que o índio deixou cair as rosas diante do Bispo;

— que a aparição não se deu diretamente, como uma pintura, sobre o ayate, mas que a Virgem apareceu *fora* dele, podendo assim acontecer que todos os presentes ficassem refletidos na córnea do seu olho. A imagem do ayate seria, neste caso, como que o reflexo num espelho dessa aparição da Virgem.

CONCLUSÃO

Examinamos até aqui o relato que narra a origem da imagem de Guadalupe, as consequências da sua aparição, bem como alguns fatos inexplicáveis associados a essa imagem. Esses fatos apontam para um milagre no sentido estrito do termo?

Não se fez, até hoje, um estudo sistemático do assunto, mas convém advertir que, mesmo que se chegue a uma convicção racionalmente fundada de estarmos diante de um fato sobrenatural, tal convicção não prova nem deixa de provar a verdade do cristianismo. As convicções racionais inclinam a pessoa a aderir a determinadas teorias de preferência a outras: a preferir o idealismo ao materialismo, o liberalismo ao comunismo, ou vice-versa, mas não obrigam em consciência a ser cristão; unicamente levam a admitir a possibilidade de uma realidade sobrenatural, a realidade da fé, e a não opor-lhe obstáculos. Acima de qualquer convicção racional, é preciso receber o dom gratuito e sobrenatural da fé para que se possa ser cristão.

Importa, neste sentido, evitar o «milagreirismo», por mais que a aceitação de algum milagre esteja fundamentada sobre um motivo científico que o torne digno de crédito. É oportuno citar a este respeito umas palavras de frei Juan de Zumárraga, que, mesmo tendo mandado construir a primeira igreja em que se expôs a imagem e incitado os fiéis a venerá-la, escreveu no livro *A regra cristã*, de 1547: «Já não quer o Redentor do Mundo que se façam milagres, porque não são necessários, pois está a nossa Santa Fé muito bem fundada pelos milhares de milagres que temos no Antigo e no Novo Testamento. Não deveis, caros irmãos, cair nos pensamentos e blasfêmias do mundo, que tenta as almas para que desejem ver por maravilhas

já que confiamos ao teu cuidado tudo o que temos e somos,
Senhora nossa e nossa Mãe.
Queremos ser totalmente teus e percorrer contigo o caminho
de uma fidelidade plena a Jesus Cristo na sua Igreja:
não nos soltes da tua mão amorosa.
Virgem de Guadalupe, Mãe das Américas,
pedimos-Te por todos os Bispos,
para que conduzam os fiéis
por caminhos de intensa vida cristã, de amor
e de serviço humilde às almas.
Contempla esta messe imensa, e intercede para que o Senhor infunda
fome de santidade em todo o Povo de Deus
e lhe outorgue abundantes vocações de sacerdotes e de religiosos,
fortes na fé e zelosos dispensadores dos mistérios de Deus.
Concede aos nossos lares
a graça de amarem e respeitarem a

vida que começa,
com o mesmo amor com que concebeste no teu seio a vida do Filho de Deus.
Virgem Santa Maria, Mãe do Amor Formoso,
protege as nossas famílias para que estejam sempre muito unidas
e abençoa a educação dos nossos filhos.
Esperança nossa, olha-nos com compaixão,
ensina-nos a ir continuamente a Jesus,
e, se caímos, ajuda-nos a levantar-nos, a voltar para Ele,
mediante a confissão das nossas culpas e pecados
no Sacramento da Penitência, que traz o sossego à alma.
Suplicamos-Te que nos concedas um amor muito grande por todos os santos Sacramentos,
que são como que as pegadas que o teu

Filho nos deixou na terra.
Assim, Santíssima Mãe, com a paz de Deus na consciência,
com os nossos corações livres do mal e de ódios,
poderemos levar a todos a verdadeira alegria e a verdadeira paz,
que provêm do teu Filho, nosso Senhor Jesus Cristo,
que com Deus Pai e com o Espírito Santo,
vive e reina pelos séculos dos séculos.
Amém.»

Direção geral
Renata Ferlin Sugai

Direção de aquisição
Hugo Langone

Direção editorial
Felipe Denardi

Produção editorial
Juliana Amato
Gabriela Haeitmann
Karine Santos
Ronaldo Vasconcelos

Capa
Karine Santos

Diagramação
Sérgio Ramalho

ESTE LIVRO ACABOU DE SE IMPRIMIR
A 11 DE FEVEREIRO DE 2025,
EM PAPEL OFFSET 90 g/m^2.